目　　次

はじめに　iii

第1章　キャリア・アンカーズ　セルフ・アセスメント ——— 1

第2章　キャリア・アンカー・カテゴリーの説明 ——— 5

次のステップと選択肢 ——— 15

訳者あとがき ——— 17

はじめに

　このセルフ・アセスメントは，皆さんがキャリアの選択について自己管理をするためのものです。これからの将来，よりよい選択をしようと思えば，現時点までの自分のキャリアについて自己分析することがとても大切です。なぜ重要なのか。組織や職業を問わず，キャリアは管理されすぎていたり，逆に，まったく管理されていなかったりします。皆さんは，言われるままに選ばざるを得ないこともあり，また，キャリアを自己管理しないとにっちもさっちもいかなくなると言われることもあります。キャリア・カウンセラー，コーチ，人事部長，監督者などの方々から，皆さんは，昇進を受けるか受けないか，他の部門に移るか移らないかなど，次の異動がどうあるべきかについて，いろいろな考え方が聞けるでしょう。しかし，残念なことに，たとえその人たちが，「事情は十分理解していますよ」と言ってくれたところで，その考えは，あなたの欲求や価値観ではなく，組織の都合から出てきているものなのです。

　ますます複雑化しグローバル化する世界においては，個人は，これまでにも増して，自分を頼りにしていかなければなりません。そう思わざるを得ない証拠がたくさんあります。しかし，自分が何に強いか，何に価値を見出しているか，どんなことに心が動かされるのかなどについて，はっきりとした考えをもたなければ，自分を頼りにできません。能力(コンピタンス)・動機・価値観に関する自己イメージこそが，皆さんの「キャリア・アンカー」です。この自己概念(セルフ・コンセプト)は，会社の利益や職業上の利害のためではなく，あなたの関心に沿ったキャリアの選択を行なうために役立つものなのです。

　この冊子に収録された質問項目は，自分のキャリア・アンカーを探しあて，キャリア選択に関連する動機・能力(コンピタンス)・価値観について，考えを深めてもらうために作成されています。キャリア・アンカーについて知ることは，自分が本当に価値を置いているもの，自分自身について真に感じていることと一致したキャリアを選択し，決定するというたいへんな課題に，正面から向き合うため

に役立つはずです。
　キャリア・アンカーは，キャリアを決定するにあたって，何かを犠牲にしなければならないときに，どうしてもあきらめたくないと感じた能力(コンピタンス)・動機・価値観のことをいいます。それは，本当の自己を映し出しています。自分のアンカーについて知らなければ，まわりの手引きに従うまま，つまらない仕事やさえない状況に引き込まれてしまって，やがて「本当の自分ではない」と感じてしまうことがあります。この冊子にある質問項目は，自分が本当はどういうひとなのかを知り，それによって，さえない決定を避けるために役立ててもらうことを意図して作られています。また，キャリア・アンカーのカテゴリーに関しても，皆さんが，自分のキャリア・ゴールと希望について語りやすくなるように，平易な言い回しで書かれています。

　キャリア・アンカーに関するこれまでの研究を通じて，ほとんどの人は，次節で述べられている8種類のカテゴリーのいずれかにあてはまることがわかってきました。これらのカテゴリーは，過去数十年にわたって実施されてきた幅広い研究に基づいていますが，かといって，絶対的なキャリアのタイプとして考えるのではなく，自分自身の優先順位を決めるためのガイドラインとしてとらえていくべきでしょう。

第1章

キャリア・アンカーズ
セルフ・アセスメント

　　　以下の40項目のそれぞれについて，書かれている内容が自分にどれほどあてはまっているかを評定してください。

　　まったくあてはまらなければ，1をつけてください。
　　たまにあてはまるようであれば，2をつけてください。
　　たいていあてはまれば，3をつけてください。
　　いつもあてはまれば，4をつけてください。

注：これは客観テストではありません。質問項目は，キャリアから何を得たいと思っているのか，能力（コンピタンス）分野として何を得意としているのか，何をしているときがいちばん満ち足りているのかを考えるのに役立つよう設計されています。集計は自分でできますので，他の人に知られることはありません。また，自分の点数を他の人と比較することもありません。自分で自己を見つめ直すためのものですので，できるだけ正直に答えてください。4ページには自己採点シートがあります。このシートに，各項目のご自分の回答を転記してください。

まったくあてはまらない	たまにあてはまる	たいていあてはまる	いつもあてはまる
1	2	3	4

____ 1. 周りの人がいつも自分に専門的アドバイスを求めてくるくらい，今やっていることについて得意でありたいと思う

____ 2. 仕事でいちばん満足できるのは，1つの活動に向けて多くの人の努力を結集できたときだ

____ 3. 自分のやり方や自分のスケジュールで仕事ができる自由なキャリアが夢だ

____ 4. 自分で会社を起こす元となりそうなアイデアを，いつも注意して探している

____ 5. 自由と裁量より，保障と安定のほうが自分にとっては大切だ

____ 6. 個人的関心や家族の問題を大切にしたいので，その自分の能力に妥協する仕事に就くくらいなら，組織を去るほうがましだ

____ 7. よいキャリアだと実感できるのは，社会全体の福利のために真に貢献できたときだ

____ 8. 困難な問題の解決に，いつも挑戦し続けることができるようなキャリアが夢だ

____ 9. よいキャリアだと実感できるのは，自分の能力をつねに高いレベルに向上できるときだ

____ 10. 組織全体の舵取りをするのが夢だ

____ 11. 仕事でいちばん満足できるのは，自分で完全に自由に仕事・スケジュール・手続きを決められることだ

____ 12. 意にそぐわない配置をして雇用を脅かすような組織には，長く留まろうと思わない

____ 13. どこかの組織で高い地位を得るより，自分自身で事業を起こすことのほうが大切だと思う

____ 14. キャリアでいちばん満足できるのは，自分の才能を活かしてだれかの役に立てたときだ

____ 15. よいキャリアだと実感できるのは，困難な課題に対処しそれを克服できたときだ

____ 16. 個人のニーズ，家族のニーズ，仕事のニーズを，キャリア上で同時に満たすことができるのが夢だ

____ 17. 経営幹部になるより，専門分野の部門長や技術部門の管理職になるほうが魅力的だ

まったくあてはまらない	たまにあてはまる	たいていあてはまる	いつもあてはまる
1	2	3	4

____ 18. よいキャリアだと実感できるのは，自分の仕事を自分で決められる完全な自律と自由があることだ

____ 19. 普段，組織の中では，安定と保障を実感できる仕事を求めている

____ 20. いちばん満足できるのは，自分の技能と努力の結果として何かをなし得たときだ

____ 21. 自分が成功したと感じるのは，管理職として組織で高い地位を得たときだ

____ 22. 自分の才能を発揮して世の中をよくすることが，自分のキャリアを決める根本だ

____ 23. キャリアでいちばん満足できるのは，解決不可能と思われた問題を解決できたときや，まったく勝ち目がないと思われたことに勝つことができたときだ

____ 24. 個人的要件，家族の要件，キャリア上の要件にバランスをとることができたとき，よい人生だと思う

____ 25. キャリアで安定と保障を実感できるのが夢だ

____ 26. 自分の専門領域とかけ離れたローテーションを受け入れるより，組織を離れるほうがましだ

____ 27. 仕事と生活のバランスをとることは，管理職として高い地位を得ることより大切だと思う

____ 28. 人類と社会に真に貢献できるキャリアにつくことが自分の夢だ

____ 29. よいキャリアだと実感できるのは，自分なりのアイデアと技能を元にして起業するときだ

____ 30. 経営幹部になることは，専門領域の部門長になるより魅力的だ

____ 31. 規則と縛りがなく，自分自身のやり方で仕事をするチャンスは，自分にとってとても大切だ

____ 32. 問題解決能力と個人の競争力を豊かに発揮できる仕事の機会を望んでいる

____ 33. 自分で事業を立ち上げ，軌道に乗せていくことが夢だ

____ 34. 偉くなって自分が人の役に立つ力を発揮できない地位に就くくらいなら，組織を去るほうがましだ

____ 35. 仕事でいちばん満足できるのは，自分のもつ特別な技能と才能を活用できるときだ

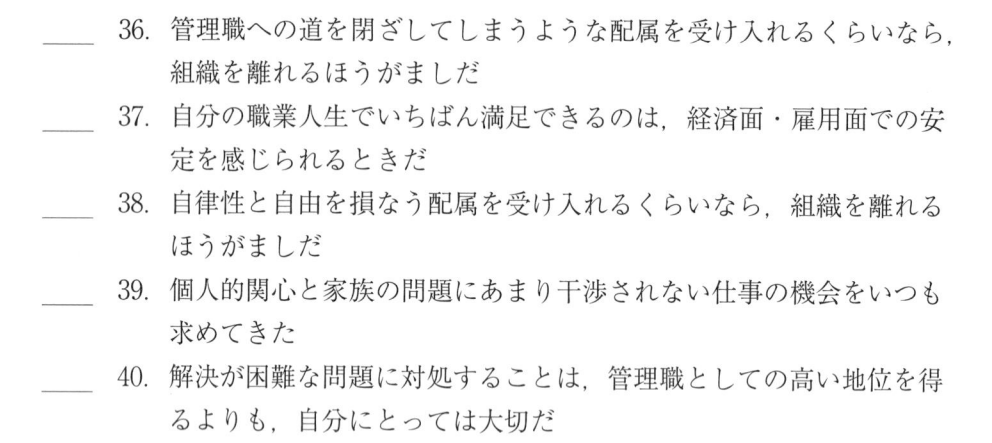

	まったくあてはまらない	たまにあてはまる	たいていあてはまる	いつもあてはまる
	1	2	3	4

____ 36. 管理職への道を閉ざしてしまうような配属を受け入れるくらいなら，組織を離れるほうがましだ

____ 37. 自分の職業人生でいちばん満足できるのは，経済面・雇用面での安定を感じられるときだ

____ 38. 自律性と自由を損なう配属を受け入れるくらいなら，組織を離れるほうがましだ

____ 39. 個人的関心と家族の問題にあまり干渉されない仕事の機会をいつも求めてきた

____ 40. 解決が困難な問題に対処することは，管理職としての高い地位を得るよりも，自分にとっては大切だ

では，すべての項目をもう一度眺めなおして，自分が感じていることをもっともよく言い表している項目5つをあげてください。その項目に〇印をつけて，各項目に自己採点シートで5点ずつ加算してください。

採点の仕方

1. 転記がまだであれば，各項目についての自分の点数を，下の採点表に転記してください。項目番号のとなりに，それぞれの項目の点数を正しく記入してください。

2. 各列の数字を加算してください。数字が大きくなるほど，その列は，あなたのキャリア・アンカーを，すなわち自分が質問項目に回答することで明らかになった好みを示すことになります。回答の仕方に偽りが少なければ，点数はより正確になります。その点数が何を意味しているかを知るには，次のセクションに進んでください。

カテゴリー	TF	GM	AU	SE	EC	SV	CH	LS
質問項目	1	2	3	5	4	7	8	6
	9	10	11	12	13	14	15	16
	17	21	18	19	20	22	23	24
	26	30	31	25	29	28	32	27
	35	36	38	37	33	34	40	39
合計								

第2章

キャリア・アンカー・カテゴリーの説明

　以下には，あらゆる職業におしなべて見出されてきた8種類のアンカー・カテゴリーについて説明がなされています。各説明に続いて，アンカーがどのような働きをするか，キャリアの意思決定にどのようなインパクトがあるかを理解するために，2つの簡単な例が示されています。

　まず取り上げる2つのアンカー——「専門・職能別能力（コンピタンス）」と「経営管理能力（コンピタンス）」——は，一般に，人が自分の得意なことについて考えるときに重要な意味をもっている2つの要素を軸にしています。

1. 専門・職能別能力（コンピタンス）（Technical/Functional Competence: TF）

　点数がこの列でもっとも高ければ，あなたのキャリア・アンカーは，ある特定の専門分野・職能分野に関する能力（コンピタンス）です。あなたがどうしてもあきらめたくないと思っているものは，その領域において自分の技能を応用し，技能をつねに高いレベルに向上し続ける機会です。アイデンティティの感覚が，自分のもてる技能を実践することから生まれており，仕事で専門領域について挑戦し続けることができるとき，もっとも喜びを感じることができます。自分の専門分野・職能分野であれば，他者を管理することもいとわないでしょうが，マネジメントそれ自体にはあまり興味をもちません。自分の専門領域から離れてしまうという理由で，会社経営に携わることを避けてしまうかもしれません。ここにアンカーをもつ人のいちばん大きな問題は，自分が望んでもいないし，う

まくやれないと思っている経営幹部としての管理業務に，むりやり就けられてしまうことがよくあるということなのです。

専門・職能別能力(コンピタンス)（TF）の例

▶テッド・フリードマン氏は，ビジネススクール出身者で，製造技術に興味関心をもっている。大手多国籍製造企業でいくつもの業務を担当してきたおかげで，フランスにある子会社の全技術部門を統括する職への昇進の機会を得ることができた。テッドはこの仕事をきわめて優秀にこなし，フランス子会社全体の牽引力となっている重要なライン業務に，自分が必要とされ期待されていることに気づいていた。だが，子会社の社長候補者として自分の名前が挙がっていることをよしとはせず，彼は，本社の同僚に働きかけ，製造部門の上級スタッフ業務を得て，実質的にリタイヤした。会社経営の業務は政治的色彩が濃すぎ，人事案件と格闘しなければならず，チャレンジングではないと，彼は見ていた。

▶ターニャ・フィールド氏は，大手食品会社のプロダクト・マネジャーから自分のキャリアをスタートさせた。仕事ではマーケティングの才能が求められており，自分もそれが好きだし得意であることを悟った。仕事が成功したおかげで，彼女は何倍も大きな製品の担当へと昇進し，あるプロダクトグループを引き継ぐまでになった。マネジメント自体をおもしろいとは感じていなかったが，会社は，彼女の経営手腕を買って，ある部門の長へと昇進させた。10年間その仕事で成功し，彼女は本社に異動になり，マーケティング担当の上級副社長として迎えられた。たった1人のスタッフがついているだけで，ライン上の権限がまったくない仕事であるにもかかわらず，彼女はこう言っている。「マーケティング戦略の策定という，これまでやりたいと思っていたことが，やっとやれるようになった。ジェネラル・マネジャーにもなれたが，あまり楽しくなかったわ。得意なことができるようになって幸せだし，これから楽しんでいきたい。」

2. 経営管理能力(コンピタンス)（General Managerial Competence: GM）

点数がこの列でもっとも高ければ，あなたのキャリア・アンカーは経営管理能力(コンピタンス)です。あなたがどうしてもあきらめたくないと思っているものは，組織の中で高い地位につき，部門を越えて人々の努力を統合し，担当ユニットの成果に責任をもつことのできる機会です。あなたは，結果全体に責任をもちたい，重責を担いたいと思うでしょう。また，勤めている組織の成功と自分の仕事を

重ね合わせていることでしょう。今現在，どこかの専門分野・職能部門に在籍していれば，そこにいることを，将来必要なことの学習経験としてとらえているでしょうし，また，担当部門で高い地位の管理業務を引き受けたりもするでしょう。しかし，希望するのは，できるだけ早くジェネラリストの仕事につきたいということです。また，重い責務に対処するために必要な分析能力，対人スキル，対集団スキル，情緒能力などを基礎とする自分自身の管理能力に依拠して，組織やプロジェクトに成功をもたらしたいと思うでしょう。

経営管理能力（コンピタンス）（GM）の例

▶グレース・モーガン氏は，大手コンピュータ会社にプログラマーとして入社した。5年間のさまざまなプログラミング業務を経て，彼女はある技術グループを引き継ぐと，グループの管理に高い才能を示した。その後の数年間，彼女はますます大きな部門を率いるようになり，その間に財務とマーケティングについて多くを学んでいった。関連事業を行っている別の会社が新任のCEOを探していたとき，彼女はヘッドハンターから打診をうけ，その仕事を引き受けることにした。そして，ここ10年にわたって会社をうまく経営している。

▶ジョージ・メーソン氏はビジネススクールを修了後，電話産業に職を得て，いわゆる「有望格の（ハイ・ポテンシャル）」マネジャーとして，毎年の定期ローテーションでさまざまなビジネス分野を経験させる育成計画の対象者となった。ジョージはあるグループを監督する機会を与えられ，自分はその役割をこなすのが好きであり，また得意であることを知った。その時点で彼は，管理職の階梯を上っていきたいと思い，昇進の遅いローテーション・プログラムに我慢できなくなっていた。そしてジョージは，友人と協力して，小さな会社を買収することを決め，電話会社内でやれる以上に早く，会社の経営に着手することができた。彼は20年間にわたり会社をうまく経営し，その後引退した。

　次の4つのアンカー・タイプ——「自律・独立」「保障・安定」「起業家的創造性」「奉仕・社会貢献」——は，主要な動機や欲求を軸にしています。

3. 自律・独立（Autonomy/Independence: AU）

　点数がこの列でもっとも高ければ，あなたのキャリア・アンカーは自律・独立です。あなたがどうしてもあきらめたくないと思っているものは，自分の仕事を自分なりに定義することのできる機会です。なにより自由でいたい，キャリア上のことは自分の好きなようにやりたいと思っています。自分でも，その

ことにお気づきでしょう。伝統的組織の業務でもこの種の自由が十分に認められていることがありますが，このアンカーをもつ人は，自営業とか自律性の高い職務を選ぼうとします。たとえば，フリーのコンサルタントや大学教授，小規模事業を行う独立経営者，地域セールス担当者などです。組織にどうしても留まらなければならないときでも，業務時間と仕事のやり方については，柔軟性のある仕事を担当したいと思います。また，自律性を維持するために，昇進や出世の機会を断ることもあるでしょう。

自律・独立（AU）の例

▶アーサー・アンガー氏は，ある大企業の人事部でキャリアをスタートさせた。だがすぐに，その組織にあるたくさんの規則や儀礼が好きになれず，大切にも思えないことを悟った。彼は，より自律性の高い研究職的業務役割を作り出そうと奔走してきたが，逆に，大企業では押しつけられることのほうが多いことを知った。そこで彼は，組織を離れ，フリーのコンサルタントになった。結婚して子どもができたとき，彼は，コンサルタントの仕事では家族を養っていけず，また，出張旅行の多さゆえに子どもを育てていけないと感じた。そこで，夫婦で小さな店舗を購入し，その店をうまく経営していった。

▶アリス・アップダイク氏は，マネジメント・コンサルタントとしてキャリアをスタートした。仕事はとても順調で，ビジネス全体を回していくために，何人かの社員を雇うまでになった。自分の会社が大きくなるにつれて，彼女は，組織を管理する仕事があまり好きではないことを感じていた。本当に好きなのはコンサルティングであり，それがもたらしてくれる自由だった。そこで彼女は，自分の会社を売却し，フリーのコンサルタントに戻っていった。

4. 保障・安定（Security/Stability: SE）

　点数がこの列でもっとも高ければ，あなたのキャリア・アンカーは保障・安定です。あなたがどうしてもあきらめたくないと思っているものは，雇用の安定であり，職務や組織での勤続なのです。あなたにとっての大きな関心事は，キャリアが安定しているという感覚が得られ，安心できることでしょう。このアンカーは，財務的保障（年金や退職プランなど）と雇用の安定，すぐに仕事が見つけられる地域に在住するといった意味での地理的安定を中心に表れてきます。安定を得るためには，雇用継続と引きかえに，会社に対して忠誠を誓い，雇用主が求めることを何でもする覚悟をもたなければならないかもしれません。才能に恵まれていれば，高い地位にまで到達できるかもしれませんが，そもそ

も仕事の中身や，組織の中で到達できる地位にはあまり関心をもちません。自律性と同じく，保障・安定に対するニーズは，だれもがもっているものです。財務的負担が重いときとか，定年退職を迎えるときなどは，とくにそうでしょう。しかし，ここにアンカーづけられている人は，これらの問題につねに関心をもち，保障と安定のためのさまざまな工夫を軸にすえて，自己イメージ全体を作り上げようとしているのです。成功した地位と安定したキャリアを得て，「ほっとした」という感じをもってはじめて，安心立命をはかることができるのです。

保障・安定（SE）の例

▶サリー・エバンズ氏は，大学に行く経済的余裕のほとんどない家庭で育った。大学に進学して工学を専門として選んだのは，4年間で十分な教育が得られることが約束されており，大学院教育を受けなくてもすぐに仕事につけるからだった。卒業後，彼女は大手電器会社に勤め，なんとなく必要と思われるいくつかのスキルを身につけていった。彼女は会社の良好な福利厚生や豊かな退職プランに満足していた。おもしろみはなくても，自分が忠誠心が高く信頼できる人物であるとわかってもらえるような仕事の担当を，彼女はよく引き受けた。

▶スタン・エバート氏は，父親が小さな事業を行っている，とある小さな田舎町で育った。大学後にスタンは，2，3の会社で働き，さまざまな分野を転々とした。そこで多くのことを学ぶことができたと感じていたが，本当は家族を育てるために身を落ち着けたいと思っていた。彼は故郷に戻り，家業を継ごうと決心した。それは，キャリアが約束され，地域的にも安定するからだった。

5. 起業家的創造性（Entrepreneurial Creativity: EC）

　点数がこの列でもっとも高ければ，あなたのキャリア・アンカーは起業家的創造性です。あなたがどうしてもあきらめたくないと思っているものは，危険負担し障害を乗り越えていく自分の意欲と，自己の能力だけに頼って，組織や企業を創造する機会です。会社を創ることができたのは自分が一所懸命努力した結果だということを，広く世に示したいと思います。将来の可能性を探ったり，必要なことを学習している間は，組織に勤めてだれかのもとで働くこともあるかもしれませんが，自分でもやれると思えばすぐに，自発的に飛び出そうとするでしょう。あなたは，能力の証として，自分の企業が財務的に成功することを望むでしょう。自分自身の価値を，企業規模と会社の成功の度合で測ろうとします。この欲求がとても強いため，究極の成功を求めて，キャリアの至

るところで起こるたくさんの失敗にも辛抱できるのです。

起業家的創造性（EC）の例

▶エド・コービン氏は，エンジニアリングでキャリアをスタートしたが，何かの事業を自分で始める機会をいつも探っていた。彼は，財務分野での技能を身につけたために，ある産業で非常にうまくいっている金融手続きが，別の産業ではまったく使われていないことに気がついた。デンバーに移り住み，そこで，この新しい金融手法を商売とするコンサルタント会社を創業する機会を得て，数百万ドルのビジネスの立ち上げに成功した。また，「山岳地域」で海産物を扱う鮮魚小売店もオープンさせた。が，十分なマーケットがなかったため，こちらの事業は失敗に終わった。彼は，金融ビジネスのほうも売却し，投資を行って収益を得たりしていたが，とうとう起業家から足を洗い，この地域にできた新しいビジネススクールの学部長に就任した。それは，また別の意味で起業家的冒険であった。

▶エレン・コーン氏は，子育てのかたわら，パートタイムの不動産販売員として働き始めた。この時期に彼女は，成功する投資方法に焦点を当てたいくつかの「主婦向け金融クラブ」を立ち上げた。また，小さな宝石小売ビジネスを起した。子どもが大きくなると，今度は，自分で不動産会社を設立した。それ以降数年間にわたって，彼女は，この地域に不動産会社チェーンを築き，最後には，かなり大規模な不動産グループ企業を経営するようになった。

6．奉仕・社会貢献（Service/Dedication to a Cause: SV）

　点数がこの列でもっとも高ければ，あなたのキャリア・アンカーは奉仕・社会貢献です。あなたがどうしてもあきらめたくないと思っているものは，たとえば，世界をよりよくすること，環境問題を解決すること，人々に調和をもたらすこと，だれかを助けること，安全性を向上させること，新製品を通じて病気を治すことなどといった，何か価値あるものを実現できる仕事をする機会です。それがために組織を変わらなければならなくなったとしても，このような機会をあなたは求め続けるでしょう。また，価値を実現できる仕事の機会が奪われるのであれば，異動や昇進を辞退することもあるでしょう。

奉仕・社会貢献（SV）の例

▶ステラ・ヴァーガス氏は，さまざまな官僚的施策の犠牲になって，父の勤労意欲がなくなってしまったことに心を痛めた。それで，自分の人生の早い時期

から，組織における生活の向上に深くコミットしてきた。大学卒業後，彼女は，「人を大切にする」という評判の高い大企業の人事部に職を得た。じつは，彼女が本当に求めていたのは，全社の人間関係ポリシーに大きな影響を与えることができる組織開発（OD）を担当するポジションだった。会社のキャリア制度では，最初は，別の人事業務担当に配属になることを知っていたが，彼女はその配属に強く抵抗した。自分を組織開発部門に異動させることを上司に納得させ，それで，人道主義的価値観に基づく新しい人事方針を実現することができたのである。影響力が増すにつれて，他の組織も彼女の仕事に注目しはじめ，ついには，フォーチュン100社にあげられている企業の組織開発部長として登用されることになった。

▶スタンリー・ヴァン・ネス氏は，大学と大学院で生物学と林野学を専攻した。彼は大学教授となり，環境問題と，いかに企業の政策が環境破壊につながるかという自分の関心にかかわる仕事ができるようになった。オーストラリアのある大手アルミニウム会社は，ボーキサイトの採掘の仕方についていくつかの環境規制の下にあり，環境問題に会社が責任をもって取り組んでいるという姿勢を，政府に対して示さなければならなかった。そこで会社は，スタンリーをスカウトし，環境面で適切な採掘方針を策定し，その実施を行うよう求めた。スタンリーはオーストラリアに移り，自分のアイデアを実践するために10年間精力的に活動した。そして，新しい本社経営陣が，報酬として彼に，環境分野ではなく経営幹部のポストを用意することを決めると，大学に戻る決心をした。

次のアンカー――「純粋挑戦（ピュア・チャレンジ）」――は価値観も動機も反映していませんが，パーソナリティ特性と問題解決スタイルの合わさったものであるといえます。

7. 純粋挑戦（ピュア・チャレンジ）（Pure Challenge: CH）

点数がこの列でもっとも高ければ，あなたのキャリア・アンカーは「純粋挑戦（ピュア・チャレンジ）」です。その意味で，あなたがどうしてもあきらめたくないと思っているものは，解決不可能と思われる問題を解決すること，強敵に打ち勝つこと，困難な障害を乗り越えることなどに取り組む機会です。たとえば，不可能といえるほど難しい設計にしか興味が湧かないエンジニアのように，純粋にチャレンジングな活動を知的労働に見出す人もいるし，倒産しかけてすべての資源を使い果たしたクライアントにしか興味のない戦略コンサルタントのように，このチャレンジを複雑で多面的な状況に見出す人もいます。また，プロスポーツ選手や，日常のセールスを勝ち負けととらえている販売員などのように，相

手との競争にピュア・チャレンジを見出す人もいます。新奇性，多様性，困難が彼らにとっての目的であり，簡単なことであればすぐに飽きてしまうでしょう。

純粋挑戦（CH）の例

▶ポール・チャットワース氏は冒険を求めて海軍に入隊した。彼は航空大隊に入隊でき，航空母艦を発着する航空機パイロットとなった。彼は，非番の時間すべてを操縦技術の向上にあてていた。だから，いつか将来，1対1の空中戦で敵と遭遇しなければならないときになれば，敵機を撃墜し，自分のほうが優れたパイロットであることを証明できるだろうと周りから思われていた。彼はいつも肉体的鍛錬に励み，いつでも臨戦態勢にあり，自分の優秀さを証明する機会を待っていた。スポーツでもゲームになると，彼は極端に競争心が強く，負けず嫌いであった。搭乗配置年限がきたとき，彼はしぶしぶ後方支援事務の職についたが，職務外のあらゆる活動においては，あいかわらず果敢に競争を求めつづけた。

▶パメーラ・チャーナウ氏は，財務を専門領域としてビジネススクールを修了した後，ウォールストリートで債券販売の職を得た。彼女は，この仕事そのものがもたらす知的かつ対人的な挑戦に楽しみを感じていた。グループを管理する仕事への昇進の機会が与えられたとき，他者を相手に1対1の競争をするときの刺激と，不確実性・不完全情報の条件下での問題解決がもたらすチャレンジを欲するがゆえに，この昇進を断った。彼女は，顧客とのセールス上の関係が内面的にエキサイティングであると感じていたし，また，あらゆる状況を，自分と「相手」のどちらかが「勝利」する「実戦」ととらえていた。それで，キャリアを通じて彼女はずっと，このような競争的環境に身を置き続けた。

最後のアンカー——「生活様式」——は，ある意味で，キャリア自体にはとくに関係はしませんが，キャリアと家族問題の統合に関連しています。このアンカーは，共働き家庭で，価値のほぼ等しい2人の別々のキャリアが求める要請に，それぞれが応えていかなければならないと感じることが多くなれば，より普及していくようになるでしょう。

8. 生活様式（Lifestyle: LS）

点数がこの列でもっとも高ければ，あなたのキャリア・アンカーは生活様式です。あなたがどうしてもあきらめたくないと思っているものは，自分個人のニーズ，家族のニーズ，キャリアからの要請にバランスをとり，それらを統合

できることです。生活の主要な部分がすべて，全体的統合に向けてまとまりあうことを欲し，それゆえ，統合の達成に必要な柔軟なキャリアを求めるでしょう。たとえば，いくら昇進であるといっても，配偶者にキャリア上の希望を断念させなければないような地理的移動や，子どもをよい学校から転校させなければないような地理的移動を伴うとしたら，あなたは自分のキャリアのある面を犠牲にしなければならなくなるでしょう。成功についても，単なるキャリア上の成功でなく，より広い意味で定義するようになるでしょう。自分のアイデンティティというものが，特定の仕事や組織というより，人生全体をいかに生きるべきか，どこで身を落ち着けるか，家族の状況をどう扱っていくか，いかに自分を発達させていくかということに，強く結びついていることを感じるでしょう。このアンカーをもつ人であれば，生活したい地域はどこか，自分の子どもをどこで育てどの学校に通わせるかといった観点で，また，配偶者のキャリアを軸にして，自分のキャリアを組み立てていくことがあります。このアンカーをもつ人は，夫婦のキャリアと家族のニーズが最大限に満たされる地域を探そうとするので，どこに住むかという地理的問題がしばしば重要な役割を果たすようになります。キャリアと家族のジレンマにある人は，これまであげてきたカテゴリーのなかで，別のアンカーをもう1つもっているかもしれません。が，そのアンカーを，より広い意味でのライフスタイルの問題の下に位置づけていて，あまり重視しません。

生活様式（LS）の例

▶ルートビック・シュミット氏は，ニューヨークに本社のある大手石油会社に勤務する，将来を嘱望されたミドル・マネジャーである。彼はドイツ国籍で妻もドイツ人だが，米国企業の経営幹部昇進ルートに乗っている。息子が8歳のとき，彼はこの米国企業で，5年間のニューヨーク勤務が求められる大きな昇進の機会を打診された。ルートビックは，夫婦で相談して，息子をドイツ文化の下で育てたいという結論に至り，この5年間が，息子のアイデンティティ形成にとって決定的に重要であるという理由で昇進を断った。その代わりに，ドイツにある子会社での小さな仕事を得たのだった。

▶リサ・サージャント氏は，経営幹部候補としてのキャリアの中ほどにおり，大きな昇進を受け地方にある本社に勤務するか，大都市圏にある支店で地位では見劣りのする仕事につくかの選択をしなければならなかった。夫は技術畑なので，仕事を見つけるチャンスが都市圏ではかなり高かった。それでリサは，夫婦ともに満足できるキャリアを得る機会を最大限に確保するために，プレステージの低い仕事を選んだ。

このようにすべてのキャリアをレビューしてみると，よく聞かれる1つ2つの質問があります。

どの列にも「最高」得点がはっきりと出なければどうするのか？

まったくフラットな点数プロフィールや，いくつかの列で同点になることには，おそらく2つの理由があります。

1. まだキャリアの選択に直面したことがなく，それゆえ自分の本当のアンカーが何なのかを知らない場合です。2つもしくはそれ以上のアンカーをもっているのは，自分が複数の可能性を許される仕事についているからだと思うかもしれません。が，そのときには，将来決めなければならないキャリア上の選択肢を考え，どちらに自分の気持ちが傾いているかを想像してみてください。たとえば，多くの人が，専門・職能別アンカーと経営管理アンカーの両方をもちたいと考えています。自分は全社を率いる取締役になりたいのか，技術部門の部門長になりたいのか，自問してみてください。選択を強制されれば，自分のアンカーが本当はどこにあるのか，ほとんどの人はすぐに選ぶことができます。
2. 自分が本当に好きなこと，才能が何なのか，何に価値を置いているのかを知ることができるほど，幅広い仕事をまだ経験していない場合です。そのような場合には，一時的に違ったことにトライしてみて，何がいちばん向いているかを知ることが大切です。アンカーは人生経験を元に発展していくものなので，すでにもっているものとか，突然浮かんできたことなどではありません。

どのアンカーも「自分らしく」ないときにはどうするか？

このセルフ・アセスメントの目的は，自分自身のキャリアの状況について理解を深めることです。カテゴリーとは違った「アンカー」をもつことも当然あるでしょうし，いくつかのカテゴリーが複雑に組み合わさった場合もあるでしょう。ここであげられたカテゴリーをむりにあてはめる必要はありませんが，自分が何なのか，自分のキャリアと人生において何を求めているのかについては，よく知る必要があります。点数がいちばん高かったいくつかの項目を取り上げ，それを全体的に眺めてみて，どのようなパターンが浮かび上がってくるかを見てみましょう。その項目から，自分自身の 自己概念(セルフ・コンセプト) を創りあげてください。真の目的は自己理解であって，決められたカテゴリーに自分をあてはめることではないのですから。

次のステップと選択肢

　本書はキャリア・アンカーへの入り口であって，自分のアンカーが何なのかについて，はじめにおおよそのあたりをつけるものです。『キャリア・アンカー：ワークブック』では，(1)キャリアを開発していくフィールドについて全般的な情報を提供し，(1)すべてのアンカーについて詳細な説明を加え，(3)キャリア・ヒストリーを分析して，自分のアンカーが何なのかをより正確に判断していくためのインタビュー項目を提供し，(4)現在就いている仕事を，役割マップの観点からどのように分析していけばよいかを教授し，(5)キャリア移行期にあれば考慮するような，将来自分が就く可能性がある仕事について，どのように職務／役割分析をすればよいかを教授します。将来の仕事／役割を計画することに関連して，ワークブックでは仕事の世界がどちらに向かっていくのかを分析でき，セルフ・アセスメント質問紙では，将来の仕事で必要となるコンピテンシーについて，どのように自己評価しているかをはっきりさせることができます。

訳者あとがき

　仕事の世界に入って，そのときどきの仕事上の課題に取り組むわけですが，途中，育児等で仕事の世界から一時的に離れることがあっても，仕事生活は，何十年にも及ぶ時間の経過を要する活動です。与えられた仕事に全力を尽くすという姿勢も大事ですが，同時に，より長期的な視点でみて，いい仕事生活を送るということも大事です。この後者の面を照射するのが，キャリアというテーマです。

　会社に入れば，あとのキャリアはすべて会社任せで済む時代が終わったので，キャリアが大事になり出したという人もおられますが，仮にどんなにいい会社に勤めていたとしても，自分がどんなキャリアを歩むかという究極的な原点は，ほかならならぬ働く1人ひとり，つまり「このわたし」の側にあります。そのかけがえのないわたしが，たった1回限りの長い人生と重なるようなキャリアの旅を歩むうえで，基盤となるものが「キャリア・アンカー」というアイデアです。日常語でいえば，長期的にキャリアを歩む際の羅針盤，キャリアの拠り所というものです。それを自己診断するためのアセスメントツールが本書です。

　著者であるマサチューセッツ工科大学（MIT）名誉教授のエドガー・H・シャインの著作を，これまでも多数出版してきた白桃書房から，キャリア・アンカーにかかわるブックレット（小冊子）が刊行されることになって，共訳者の髙橋　潔さんと共に喜んでいます。

　現在は，『キャリア・アンカー』『キャリア・サバイバル』のシャイン教授によるふたつの冊子（原著第2版）とあわせて，これら2つのエクササイズのもつ意味を深めるためのガイドブックとして，わたしが書き下ろした『キャリア・デザイン・ガイド』が，いわば1つのセットになって販売されています。もちろん，1冊ずつでも意味があります。なかでも，『キャリア・アンカー』から手に取られる方がいちばん多いのではないかと推察します。それは，この概念が，シャイン教授の独自の貢献によるものであるからです。

この度，この『キャリア・アンカー』の原著が下記のような形の3分冊（原著第3版）となりました。その1冊目が本書です。ご覧のとおり，自己診断のための冊子，ワークショップの場で活用する冊子，その場でファシリテータの役割をする人向けの冊子の3冊から成り立っていて，髙橋さんと順次，訳出する予定です。

Edgar H. Schein, *Career Anchors: Self-Assessment*, 3rd edition, San Francisco, CA: Pfeiffer.

Edgar H. Schein, *Career Anchors: Participant Workbook*, 3rd edition, San Francisco, CA: Pfeiffer.

Edgar H. Schein, *Career Anchors: Facilitator's Guide*, 3rd edition, San Francisco, CA: Pfeiffer.

　新版の最大の特徴は，ひとりでアンカーを診断するだけでなく，ワークショップ方式でそれを議論する場をもつ場合には，アンカーもサバイバルも同時に検討していただくのがいちばんいいという観点に立っている点です。シャイン教授は，2006年11月に日本キャリア・カウンセリング研究会の招聘により来日されたとき，キャリア・アンカーと職務・役割プラニング（別名，キャリア・サバイバル）の両方ともが不可分に大切だと力説されました。それは今後出版される第2分冊で解説されています。キャリア・アンカーの自己診断（第1分冊，みなさんの手にしているこの冊子）をおこなって，キャリアを歩むうえでどんなことがあってもギブアップしたくないほど自分が大切にしているものに気づいたら，次に，自分が今おこなっている仕事の具体的な状況がいったいどのようになっているのかも，併せてチェックするのが大切です。後者の面は，これまで『キャリア・サバイバル』として白桃書房から出版されていましたが，これは，変化する職務環境に，役割のうえでダイナミックに適応できているのかどうかを見るためのブックレットです。

　アンカーは，長い仕事生活を通じての拠り所にかかわるのでキャリアに関する概念であるのに対して，サバイバルのほうは，今生きている場面への適応問題を扱っています。ですから，出版元のパイファー社がキャリア・サバイバルと名付けていますが，短期的適応の問題である「サバイバル」は，本来はキャリアの問題というよりは，職務遂行状況にまつわる問題を摘出するツールです。だから，かねがねシャイン先生は，これは「キャリア」サバイバルと呼ぶよりも，「ジョブ（職務）」上の役割の計画（プラニング）の問題だと主張してきました（1999年にわたしがシャイン教授におこなったインタビューでもそのように述べておられました――エドガー・H．シャイン＝金井壽宏「洗脳から組織

のセラピーまで——その心は「ヘルプフル」」『CREO』(神鋼ヒューマンクリエート刊, 第12巻第2号, 通巻第26号, 1-43頁)。また, わが国でも慶應義塾大学のキャリア・リソース・ラボの高橋俊介さんが, ジョブ・デザインの問題として解決すべきであるのに, キャリア・デザインと騒ぐ間違いについて, 鋭く指摘してこられました。

　シャイン先生は, 自分の内なる声を聞いて長期的にいいキャリアを歩むことを重視してはおられますが, 同時に, 今いる職場で役割をうまくこなすことなしに, つまりは, 職務状況で短期的にサバイバルできない限り, 自分らしく生きることも難しいということにずっと以前から気づいておられたので, これも白桃書房から出ている『キャリア・ダイナミクス』でも戦略的な職務・役割プラニングが大事だと主張してきました。

　幸いなことに, これまでなじみの版にもまたよい持ち味がありますので, 当分の間は, 新版と長く使われてきたなじみの版をともに出してもらうことになっています。お好きなほうを使っていただいたらいいのですが, この新版の1冊目のあと, 第2, 第3の冊子が出そろいましたら, 皆さんも, この改訂版の意味を実感されますとともに, 今なじみの版で, キャリア・アンカーを試したことがある人は, キャリア・サバイバルにも手を染めて, 自分の置かれた状況とそこへの自分の対処法を考える素材にしていただけると幸いです。

　まず, それに先だって第1分冊が出ることは, わたしにとってはたいへんにうれしいことです。なぜかといいますと, シャイン教授のキャリア研究の心臓部分がキャリア・アンカーであり, それを知るには, じっくりインタビューを受けることが望ましいのですが, まずおおまかに網をかけて, 自分のアンカーがどこにありそうかを探るうえで, 40問からなる〈キャリア・アンカーズ　セルフ・アセスメント〉がとても有益だからです。以前から, 質問票による診断部分だけを使えたらというご要望が, よく出版社にもわたしにも寄せられていましたので, このように新版の訳出の第一弾として, この要望に応えられるようになったことを, 共訳者の髙橋さんといっしょに喜んでいます。

2009年2月

金　井　壽　宏

■訳者紹介

金井　壽宏〔かない　としひろ〕
1954年生。1978年京都大学教育学部卒業，1980年神戸大学大学院経営学研究科博士前期課程を修了，1989年マサチューセッツ工科大学で経営学博士を取得，1992年神戸大学で博士（経営学）を取得。神戸大学大学院経営学研究科教授を経て，現在，神戸大学名誉教授，立命館大学食マネジメント学部教授。
専門は，経営管理論。テーマとしては，仕事意欲，キャリア発達，変革のリーダーシップ，創造的なネットワーキング，組織変革，経営幹部の育成，日本型のMBA教育，人事部の役割変化など。会社やその他の組織のなかで生じる人間にかかわる問題に対して，働く個人にとっても，組織にとっても創造的な活動を促進するという視点から研究を重ねている。加えて，キャリア発達とリーダーシップ開発を研究面でも実践面でも融合することを目指している。
主要著書　『変革型ミドルの探求』（白桃書房，1991年），『ニューウェーブ・マネジメント』（創元社，1993年），『企業者ネットワーキングの世界』（白桃書房，1994年），『中年力マネジメント』（創元社，1999年），『働くひとのためのキャリア・デザイン』（PHP新書，2002年），『仕事で「一皮むける」』（光文社新書，2002年），『キャリア・サバイバル―職務と役割の戦略的プラニング―』（訳，白桃書房，2003年），『キャリア・デザイン・ガイド―自分のキャリアをうまく振り返り展望するために―』（白桃書房，2003年），『企業文化―生き残りの指針』（監訳，白桃書房，2004年），『ハッピー社員―仕事の世界の幸福論―』（プレジデント社，2004年），『部下を動かす組織人事』（共著，PHP新書，2004年），『リーダーシップ入門』（日経文庫，2005年），『キャリア常識の嘘』（共著，朝日出版社，2005年），『働くみんなのモティベーション論』（NTT出版，2006年），『サーバント・リーダーシップ入門』（共著，かんき出版，2007年），『入門　ビジネス・リーダーシップ』（共著，日本評論社，2007年），『やる気！攻略本』（ミシマ社，2008年），『リフレクティブ・マネジャー』（共著，光文社，2009年），『神戸大学ビジネススクールで教えるコーチング・リーダーシップ』（ダイヤモンド社，2010年），『社長と教授の「やる気」特別講座』（かんき出版，2010年），『組織エスノグラフィー』（共著，有斐閣，2010年），『Jリーグの行動科学―リーダーシップとキャリアのための教訓―』（分担執筆，白桃書房，2010年），『実践知』（共著，有斐閣，2012年），『日本のキャリア研究―組織人のキャリア・ダイナミクス―』（編著，白桃書房，2013年），『日本のキャリア研究―専門技能とキャリア・デザイン―』（編著，白桃書房，2013年），『クリエイティブ人事』（共著，光文社，2014年），『新1分間マネジャー』（監訳，ダイヤモンド社，2015年），『リーダーシップ・ナビ』（Kindle版，ヒューマンバリュー，2015年）など多数。

髙橋　潔〔たかはし　きよし〕
1960年生。1984年慶應義塾大学文学部卒業，1995年慶應義塾大学大学院商学研究科博士後期課程単位取得退学，1996年ミネソタ大学経営大学院博士課程修了（Ph. D.）。南山大学総合政策学部助教授，神戸大学大学院経営学研究科教授を経て，現在，立命館大学総合心理学部教授。
専門は，組織行動論と産業心理学。採用面接，適性検査，人事評価，360度多面評価などを含め，人事アセスメント技法がいかに誤りなく実施されるかについて研究している。最近では，従業員の知恵を集めた「知的資産」と，顧客の心に響く「心的資産」をターゲットにした，新しい経営のあり方について研究している。経営行動科学学会前会長，人材育成学会常任理事，産業・組織心理学会理事など。
主要著書　『社会的公正の心理学』（分担執筆，ナカニシヤ出版，1998年），『会社の元気は人事がつくる』（共著，日本経団連出版，2002年），『コンピテンシーラーニング』（分担執筆，日本能率協会マネジメントセンター，2002年），『現代ミクロ組織論』（分担執筆，有斐閣，2004年），『組織行動の考え方』（共著，東洋経済新報社，2004年），『経営とワークライフに生かそう！産業・組織心理学』（共著，有斐閣，2006年），『朝倉心理学講座　第13巻　産業・組織心理学』（分担執筆，朝倉書店，2006年），『CSR　働く意味を問う』（分担執筆，日本経済新聞社，2007年），『よくわかる産業・組織心理学』（分担執筆，ミネルヴァ書房，2007年），『経営組織心理学：基礎と応用』（分担執筆，ナカニシヤ出版，2008年），『Jリーグの行動科学―リーダシップとキャリアのための教訓―』（編著，白桃書房，2010年），『人事評価の総合科学―努力と能力と行動の評価―』（白桃書房，2010年），Challenges of human resource management in Japan（分担執筆，Routledge，2010年），『〈先取り志向〉の組織心理学―プロアクティブ行動と組織』（分担執筆，有斐閣，2012年），『評価の急所：パラダイムシフトを迎える人事評価』（生産性労働情報センター，2013年），International studies in time perspective（分担執筆，University of Coimbra Press，2013年），『人材育成ハンドブック』（分担執筆，金子書房，2019年），『経営とワークライフに生かそう！産業・組織心理学（改訂版）』（共著，有斐閣，2020年），『ゼロから考えるリーダーシップ』（東洋経済新報社，2021年），『リモートワーク・マネジメントⅠ・Ⅱ』（共編著，白桃書房，近刊）など多数。